梁啟超小傳

鄭振鐸 著

中和出版
OPEN PAGE

出版緣起

我們推出的這套「大家歷史小叢書」，由著名學者或專家撰寫，內容既精專、又通俗易懂，其中不少名家名作堪稱經典。

本叢書所選編的書目中既有斷代史，又有歷代典型人物、文化成就、重要事件，也包括與歷史有關的理論、民俗等話題。希望透過主幹與枝葉，共同呈現一個較為豐富的中國歷史面目，以饗讀者。因部分著作成書較早，作者行文用語具時代特徵，我們尊重及保持其原有風貌，不做現代漢語的規範化統一。

中和編輯部

目錄

一　引子

梁先生在文壇上活動了三十餘年，從不曾有一天間斷過。他所親炙的弟子當然不在少數；而由他而始「粗識文字」，粗知世界大勢以及一般學問上的常識的人，當然更是不少。梁先生今年還只五十六歲，正是壯年的時代；有的人因為他在文壇上活動的時候很久，便以為他已是一位屬於過去時代的老將了，其實他卻仍是一位活潑潑的足輕力健、緊跟着時代走的壯漢呢。不幸這位壯漢卻於今年正月十九日逝去了！這個不幸的消息，使我惆悵了許久！我們真想不到這位壯漢會中途而永息的，我不想做甚麼應時的文字，然而對於梁任公先生，我卻不能不寫幾句話——雖然寫的人一定很不少——我對於他實在印象太深了。

他在文藝上，鼓蕩了一支像生力軍似的散文作家，將所謂懨懨無生氣的桐城文壇打得個粉碎。他在政治上，也造成了一種風氣，引導了一大群的人同走。他在學問上，也有了很大的勞績；他的勞績未必由於深湛的研究，卻是因為他將學問通俗化了，普遍化了。他在新聞界上也創造了不少的模式；至少他還是中國近代最好的、最偉大的一位新聞記者。許多學者，其影響都是很短促的，廖平過去了，康有為過去了，章太炎過去了，然而梁任公先生的影響，我們則相信他尚未至十分地過去——雖然已經綿延了三十餘年。許多學者、文藝家，其影響與勢力往往是狹窄的，限於一部分的人，一方面的社會，或某一個地方的，然而梁任公先生的影響與勢力，卻是普遍的，無遠不屆的，無地不深入的，無人不受到的——雖然有人未免要諱言之。

對於與近三十年來的政治、文藝、學術界有那末深切關係，而又有那末普遍、深切的影響與勢力的梁任公先生，還不該有比較詳細的研究麼？

二　生平與著述

說到一個人的生平，他自己的話，當然是最可靠的。在冠於第一次出版的，即當梁任公先生三十歲那一年出版的《飲冰室文集》之前，有他的一篇《三十自述》。在這一篇自述裡，已將他自己的一個很重要的活動時期，即三十歲以前，辦《時務報》，時務學堂，公車上書，戊戌政變，刊行《新民叢報》、《新小說》的一個時期的事跡敘述得頗為詳細了。本文僅就之而作一番的簡節複述而已。三十以後的事跡也多半採用他自己的敘述。又他的《清代學術概論》也略有敘述到他自己的地方。

梁任公先生名啟超，字卓如，別署飲冰室主人，任公是他的號。父名寶瑛，字蓮澗，母趙氏。他為中國極南部的一個島民，即廣東新會的熊子鄉。熊子鄉是正當西江入海之衝的一個島。他生於同治十二年癸酉正月二十六日，正是中國受外患最危急的一個時代；也正是西歐的科學、文藝以排山倒海之勢輸入中國的時代；一切舊的東西，自日常用品以至社會政治的組織，自聖經舊典以至思想、生活，都漸漸地崩解了，被破壞了，代之而起的是一種嶄新的外來的東西。梁氏恰恰生於這一個偉大的時代，為這一個偉大時代的主角之一。梁氏四五歲時，「就王父及母膝下授四子書、《詩經》，夜則就睡王父榻，日與言古豪傑、哲人嘉言懿行，而尤喜舉亡宋、亡明國難之事，津津道之。六歲後，就父讀，受中國略史，五經卒業。八歲學為文，九歲能綴千言。十二歲應試學院，補博士弟子員。日治帖括，……顧頗喜詞章。王父父母時授以唐人詩，嗜之過於八股。……父慈而嚴，督課之外，使之勞作。言語舉動稍不謹，輒呵斥，不少假借。常訓之曰：『汝自視乃如常兒乎？』……十三歲始知有段、王訓詁之學，大好之。」十五歲，母死。其時肄業於廣東省城的學海堂。學海堂是阮元在廣東時所設立的。他沉酣於乾嘉時代的「訓詁、詞章」的空氣中，乃決捨帖括而有意訓詁、詞章。十七歲，梁氏舉於鄉。第二年，他的父親偕他一同赴京會試。李端棻以他的妹子許字給他。下第歸，過上海，從坊間購得《瀛環志略》讀之，乃知有所謂世界。這一年的秋天，他和陳千秋同去拜謁康有為。這是梁氏與康氏的第一次的會面，也即是使梁氏的生活與思想起了一個大變動的一次重要的會面。梁氏在《三十自述》裡曾有一段話提到這一次的會面情形，很足以動人：

> 於是乃因通甫（即千秋）修弟子禮事南海先生。時余以少年科第，且於時流所推重之訓詁詞章學，頗有所知，輒沾沾自喜。先生乃以大海潮音，作獅子吼，取其所挾持之數百年無用舊學，更端駁詰，悉舉而摧陷廓清之。自辰入見，及戌始退。冷水澆背，當頭一棒，一旦盡失其故壘，惘惘然不知所從事。且驚且喜，且怨且艾，且疑且懼，與通甫聯床，竟夕不能寐。明日再謁，請為學方針。先生乃教以陸王心學，而並及史學西學之梗概。自是決然捨去舊學，自退出學海堂，而間日請業南海之門。生平知有學自茲始。

第二年，康有為開始講學於廣東省城長興里的萬木草堂。康氏講述中國數千年來學術源流，歷史政治，沿革得失，取萬國以比例推斷之。

梁氏與諸同學日札記其講義。他自己説，他「一生學問之得力，皆在此年」(《三十自述》)。康氏著《新學偽經考》時，他從事校勘。康著《孔子改制考》時，他從事分纂。這一年十月，梁氏入北平，與李氏結婚。第二年，他的祖父病卒。自此，學於萬木草堂中凡三年。然梁氏雖服膺康氏，卻也並不十分贊同他的主張。「治《偽經考》，時復不慊於其師之武斷，後遂置不復道；其師好引緯書，以神秘性説孔子，啟超亦不謂然。」(《清代學術概論》一百三十八頁)

甲午，梁氏年二十二，復入北平，「與京國所謂名士者多所往還。」(《三十自述》)「而其講學最契之友，曰：夏曾佑，譚嗣同。曾佑方治龔(自珍)劉(逢祿)今文學，每發一義，輒相視莫逆。……嗣同方治王夫之之學，喜談名理，談經濟，及交啟超，亦盛言大同，運動尤烈。而啟超之學，受夏、譚影響亦至巨。」(《清代學術概論》一百三十九頁)

本年六月，中日戰事起，梁氏惋憤時局，時有所言，卻不見有甚麼人聽信他。他因此益讀譯書，研究算學史地，明年，和議成。他代表廣東公車百九十人，上書陳時局。康有為也聯合公車三千人，上書請變法。梁氏亦從其後奔走。這一次可以說是梁氏第一次的政治運動。七月，北平創立強學會，梁氏被委為會中書記員。不三月，強學會被封。第二年，黃遵憲在上海辦《時務報》，以書招梁氏南下。他便住在上海，專任《時務報》的撰述之役。他的報館生活實開始於此時。著《變法通議》，以淹貫流暢，若有電力足以吸住人的文字，婉曲地表達出當時人人所欲言而迄未能言或未能暢言的政論。這一篇文字的影響，當然是極大。像那樣不守家法，非桐城，亦非六朝，信筆取之而又舒捲自如，雄辯驚人的嶄新的文筆，在當時文壇上，耳目實為之一新。丁酉十月，陳寶箴、江標，聘他到湖南，就時務學堂講席。這時，黃遵憲恰官湖南按察使，譚嗣同亦歸湘助鄉治。湖南人才稱極盛。不久，德國割據膠州灣事起，這更給他們以新的刺激。時務學堂學生僅四十人；而於這四十人中，在後來政治上有影響的卻很不少。助教唐才常為第一次起義於漢口而不成的主動者。學生蔡鍔則為起師雲南推覆袁氏帝制的一位最重要的主角。在那時，梁氏每日在講堂四小時，夜則批答諸生札記，每條或至千言，往往徹夜不寐。所言皆當時一派之民權論，又多言清代故實，臚舉失政，盛倡革命；其論學術則自荀卿以下漢唐、宋、明、清學者「掊擊無完膚」。及年假，學生各回故鄉，出札記示親友。全湘大嘩。反動的勢力便一時蜂起。葉德輝編《翼教叢編》，張之洞著《勸學篇》，皆係對於梁氏及康氏、譚氏諸人的言論加以掊擊的。當時的康梁，談者幾視之與「洪水猛獸」同科。

明年戊戌，梁氏年二十六。春大病幾死，出就醫上海。病癒，更入北京。時康有為方開保國會，梁氏多所贊畫奔走。四月，以徐致靖之薦，被召見，命辦大學堂譯書局事務。「時朝廷銳意變法，百度更新。南海先生深受主知，言聽諫行。復生（譚嗣同）、暾谷（林旭）、叔嶠（楊銳）、裴村（劉光第），以京卿參預新政。」（《三十自述》）梁氏亦在其中有所盡力。在這個時候，又遇到一個極大的反動；康氏諸行新政者，以德宗為護法主；舊勢力卻投到西太后那裡去。雙方怒目而視，如箭在弦上，一觸即發。恰巧有一個御史，臚舉梁氏札記批語數十條指斥清室鼓吹民權的，具摺揭參。於是，卒興大獄。譚、林等六君子於八月被殺。德宗被幽禁。康有為以英人的仗義出險。梁氏亦設法乘日本大島兵艦而東。梁氏的第一期政治生活遂告了一段落。以後便入了一個以著述為生的時期了。他的影響也以這個第一期的著述時代或《清議報》、《新民叢報》時代為最大。十月，與橫濱商人，創刊《清議報》，仍以其沛沛浩浩若有電力的熱烘烘的文字鼓蕩着，或可以說是主宰着當時的輿論界。自此，居日本一年，「稍能讀東文，思想為之一變」。蓋因東籍的介紹，對於近代、古代的歐洲思想與政治，很覺得了然，而對於中國的學術歷史，也突然地另感到了一種與前全異的新的研究方法。以後發表於《新民叢報》中的許多學術論文，皆可以說是受了東籍的感應力的產品。己亥冬天，美洲的中國維新會招他去遊歷。道過夏威夷島，因治疫故，航路不通，留居在那裡半年。庚子六月，正欲赴美，而義和團運動已大起，北方紛擾不堪。梁氏便由夏威夷島復向西而歸。至日本，聞北京失守。至上海時，又知漢口難作，唐才常等皆已被殺。他便匆匆地復由上海過香港，至南洋，經印度，到澳洲。居澳洲半年，復回日本。自此以後便又進入了著述的時代了，這個時代便是《新民叢報》的時代。於《新民叢報》外，復創刊《新小說》。「述其所學所懷抱者，以質於當世達人志士，冀以為中國國民遒鐸之一助。」（《三十自述》）這個時代，自壬寅（一九〇二）至辛亥（一九一一），幾歷十年，中間惟丙午（一九〇六）及己酉（一九〇九）二年所作絕少。其餘幾年則所寫著作極為豐富，實可謂名副其實的大量生產者。在這個時代，他的影響與勢力最大。一方面結束了三十以前的作品，集為《飲冰室文集》，一方面則更從事於新方面的努力與工作。除了少數的應時的時事評論及著作《開明專制論》等等，力與當時的持共和論者相搏戰之外，他的這幾年來的成績，可分為六方面：

第一方面，是鼓吹宣傳「新民」之必要，欲從國民性格上加以根本的改革，以為政治改革的入手。他知道沒有良好的國民，任何形式的政體都是空的，任何樣子的改革也都是沒有好結果的。於是他便捨棄了枝枝節節的「變法論」、「保皇論」，而從事於《新民叢報》的努力；所謂《新民叢報》，蓋即表示這個刊物是注重在講述「新民之道」的。他在這個報上，一開頭便著部《新民說》，說明：「國也者，積民而成。國之有民，猶身之有四肢五臟，筋脈血輪也。未有四肢已斷，五臟已瘵，筋脈已傷，血輪已涸，而身猶能存者，則亦未有民愚陋怯弱，渙散混濁，而國猶能立者。故欲其身之長生久視，則攝生之術不可不明；欲其國之安富尊榮，則新民之道不可不講。」以後便逐漸地討論到「公德」、「國家思想」、「進取冒險」、「權利思想」、「自治」、「自由」、「進步」、「自尊」、「合群」、「生利分利」、「毅力」、「義務思想」、「私德」、「民氣」等，很有幾點是切中了我們的古舊民族的劣根性病的。他如大教主似的，坐在大講座上，以獅子吼，作喚愚啟蒙的訓講。庚戌年（一九一〇）創刊《國風報》時，他又依樣的以《說國風》冠於首，說明「國風之善惡，則國命之興替所攸繫也」，而思以文字之力，改變幾千年來怯懦因循的國風。

第二方面，是介紹西方的哲學、經濟學等等的學說；所介紹的有霍布士、斯片挪莎、盧梭、培根、笛卡兒、達爾文、孟德斯鳩、邊沁、康德諸人。他的根據當然不是原著，而是日本人的重述、節述或譯文。然因了他文筆的流暢明達，國內大多數人之略略能夠知道培根、笛卡兒、孟德斯鳩、盧梭諸人的學說一鱗的，卻不是由於嚴復幾個翻譯原作者，而是由於再三重譯或重述的梁任公先生。這原因有一大半是因為梁氏文章的明白易曉，敘述又簡易無難解之處，也有一小半因為梁氏的著作流傳的範圍極廣。我常常覺得很可怪：中國懂得歐西文字的人及明白歐西學說的專門家都不算不少，然而除了嚴復、馬建忠等寥寥可數的幾位之外，其他的人每都無聲無息過去了，一點也沒有甚麼表現；反是幾位不十分懂得西文或專門學問的人如林琴南、梁任公他們，倒有許許多多的成績，真未免有點太放棄自己的責任了；林、梁諸人之視他們真是如巨人之視嬰兒了！即使林、梁他們有甚麼隔膜錯誤的地方，我們還忍去責備他們麼？而林、梁之中，林氏的工作雖較梁氏多，梁氏的影響似乎較他為更大。

第三方面，是運用全新的見解與方法以整理中國的舊思想與學說。這樣的見解與方法並不是梁氏所自創的，其得力處仍在日本人的著作。然梁氏得之，卻能運用自如，加之以他的迷人的敘述力，大氣包舉的融化力，很有根柢的舊學基礎，於是他的文章便與一班僅僅以轉述或稗販外國學說以論中國事物的人大異。他的這些論學的文字，是不黏着的，不枯澀的，不艱深的；一般人都能懂得，卻並不是沒有內容，似若淺顯袒露，卻又是十分的華澤精深。他的文字的電力，即在這些論學的文章上，仍不會消失了分毫。這一方面重要的著作是：《論中國學術思想變遷之大勢》、《子墨子學説》、《中國法理學發達史論》、《國文語原解》、《中國古代幣制考》等。在其中，《論中國學術思想變遷之大勢》一作尤為重要；在梁氏以前，從沒有過這樣的一部著作發見過。她是這樣簡明扼要地將中國幾千年來的學術加以敘述，估價，研究；可以說是第一部中國學術史（第二部至今仍未有人敢於着手呢），也可以說是第一部的將中國的學術思想有系統地整理出來的書。雖有人説她是膚淺，是轉販他人之作，然作者的魄力與雄心已是十分地可敬了。此作共分七部分：一，總論；二，胚胎時代；三，全盛時代；四，儒學統一時代；五，老學時代；六，佛學時代；七，近世之學術。梁氏在十餘年之後，更欲成中國學術史的大著，為深一層的探討，惜僅成一部分——《清代學術概論》——而止。今梁氏亡矣，這部偉大著作是永沒有告成的希望了。

第四方面，是研究政治上經濟上的各種實際的問題。在這個時候，梁氏的政論，已不僅是宣傳鼓吹自己的主張，或攻擊、推翻古舊的制度而已，這樣的時代，即著《變法通議》的時代，已經過去了；他現在是要討論實際上的種種問題以供給所謂「建設時代」的參考了。所以他一方面介紹各國的實例，一方面討論本國的當前問題。在這些問題中，關於政治的，以憲法問題為中心；關於經濟的，以貨幣、國債問題為中心。這些問題，都是那個時代的舉國人民所要着眼的問題。關於前者，他著有《論政府與人民之權限》（壬寅），《外官制私議》（庚戌），《立憲法議》（庚子），《論立法權》（壬寅），《責任內閣釋義》（辛亥），《憲政淺説》（庚戌），《中國國會制度私議》（庚戌）及《各國憲法異同論》（己亥）諸作。關於後者，他著有《中國國債史》（甲辰），《中國貨幣問題》（甲辰），《外資輸入問題》（甲辰），《改鹽法議》（庚戌），《幣制條議》（庚戌），《外債平議》（庚戌）諸作。

第五方面，是對於歷史著作的努力。梁氏的事業，除了政論家外，便始終是一位歷史家。他的對於中國學術思想的研究也完全是站在歷史家的立場上的。他一方面攻擊舊式歷史的紕繆可笑，將歷來所謂「史學」上所最聚訟的問題，如「正統」，如「書法」等等，皆一切推翻之，抹煞之，以為不成問題。他以為：所謂歷史，不是一姓史、個人史，也不僅僅是鋪敘故實的點鬼簿、地理志而已；歷史乃是活潑潑的，乃是「敘述人群進化之現象，而求得其公理公例者也」，乃是供「今世之人，鑒之裁之，以為經世之用也」。在這一方面，他著有《新史學》（壬寅），《中國史敘論》（辛丑）等。他又在第二方面，寫出許多的史書、史傳來，以示新的歷史，所謂「使今世之人，鑒之裁之」的歷史的模式。這一方面的著作有《中國專制政治進化史論》（壬寅），《歷史上中國民族之觀察》，《南海康先生傳》（辛丑），《李鴻章》（辛丑），《張博望班定遠合傳》（壬寅），《趙武靈王傳》、《袁崇煥傳》（甲辰），《中國殖民八大偉人傳》（甲辰），《鄭和傳》（乙巳），《管子傳》（辛亥），《王荊公傳》，《匈牙利愛國者噶蘇士傳》（壬寅），《意大利建國三傑傳》、《雅典小史》、《朝鮮亡國史略》（甲辰）等等，都是火辣辣的文字，有光有熱，有聲有色的；決不是甚麼平鋪直敘的尋常史傳而已。

第六方面，是對於文學的創作。梁氏在這十年中，不僅努力於作史著論，即對於純文藝，也十分地努力。他既發刊《新小說》，登載時人之作品，如《我佛山人的痛史》、《二十年目睹之怪現狀》、《九命奇冤》，以及蘇曼殊諸人的翻譯等等。他自己也有所作，如《新中國未來記》、《世界末日記》（此為翻譯）、《十五小豪傑》（此亦為翻譯）等；又作傳奇數種，如《劫灰夢傳奇》，《新羅馬傳奇》、《俠情記傳奇》，雖皆未成，卻已傳誦一時。他的詩詞也以在這個時間所作者為特多。又有詩話一冊，亦作於此時。他對於小說的勢力是深切地認識的，所以他在《論小說與群治之關係》一文中，說起：

> 欲新一國之民，不可不先新一國之小說。故欲新道德，必新小說；欲新宗教，必新小說；欲新政治，必新小說；欲新風俗，必新小說；欲新學藝，必新小說；乃至欲新人心，欲新人格，必新小說。何以故？小說有不可思議之力支配人道故。

小說之支配人道，有四種力，一是熏，「熏也者，如入雲煙中而為其烘，如近墨朱處而為其所染」。二是浸，「浸也者，入而與之俱化者也」。三是刺，「刺也者，能入於一剎那頃，忽起異感而不能自制者也」。四是提，「前三者之力，自外而灌之使入，提之力自內而脫之使出」。他既明白小說的感化力如此地偉大，所以決意便於《新民叢報》之外復創刊《新小說》，然《新小說》刊行半年之後，梁氏的著作卻已不甚見。大約他努力的方面後來又轉變了。

這十年，居日本的十年，可以說是梁氏影響與勢力最大的時代；也可以說是他最勤於發表的時代。我們看民國十四年（乙丑）出版的第四次編訂的《飲冰室文集》裡，這十年的作品，竟佔了一半有強。

《新民叢報》與《新小說》創刊的第二年（一九〇三），梁氏曾應美洲華僑之招，又作北美洲之遊。這一次卻不曾中途折回。他到了北美合眾國之後，隨筆記所見聞，對於「美國政治上、歷史上、社會上種種事實，時或加以論斷」。結果便成了《新大陸遊記》一書。

在這一個時期內，還有一件事足記的，便是從戊戌以後，他與康有為所走的路已漸漸地分歧，然在表面上還是合作的。到了他在《新民叢報》上發表了一篇《保教非所以尊孔論》後，便顯然地與康氏背道而馳了。他自己說：「啟超自三十以後，已絕口不談『偽經』，亦不甚談『改制』；而其師康有為大倡設孔教會，定國教祀天配孔諸議，國中附和不乏，啟超不謂然，屢起而駁之。」（《清代學術概論》二百四十三頁）世人往往以康梁並稱，實則梁氏很早便已與康氏不能同調了。他們兩個人的性情是如此的不同；康氏是執着的，不肯稍變其主張，梁氏則為一個流動性的人，往往「不惜以今日之我，難昔日之我」，不肯故步自封而不向前走去。

辛亥（一九一一）十月，革命軍起於武昌，很快地便蔓延到江南各省。南京也隨武昌而被革命軍所佔領。梁氏在這個時候，便由日本經奉天而復回中國。這時離他出國期已經是十四年了。因為情勢的混沌，他曾住在大連以觀變。南北統一以後，袁世凱就任臨時大總統，以司法次長招之。梁氏卻不肯赴召。這時，國民黨與「進步黨」（民元時代名共和黨）的對峙情形已成。袁氏極力地牽合進步黨，進步黨也倚袁氏以為重。梁氏因與進步黨關係密切，便也不得不與袁氏連合。他到了北京與袁氏會見。會見的結果，卻使他由純粹的一位政論家一變而為實際的政治家。自此以後，他便過着很不自然的政治家生活，竟有七年之久。這七年的政治生活時代是他的生活最不安定的時代，也是他的著述力最消退，文字出產量最減少的時代。這個時代，又可分為三期：

第一期是與袁世凱合作的時代。癸丑（一九一三）熊希齡組織內閣，以梁氏為司法總長；這是戊戌以後，他第一次地踏上政治舞台。這一次的內閣，即所謂「名流內閣」者是。然熊氏竟無所表現，不久竟倒。梁氏亦隨之而去，這一次的登台，在梁氏可以說是一點的成績也沒有。然他卻並不灰心，也並未以袁世凱為不足合作的人。他始終要立在維持現狀的局面之下，欲有所作為，欲有所表現，欲有所救益。這時，最困難的問題便是財政問題。梁氏在前幾年已有好幾篇關於財政及幣制的文章發表（這時他的文章多發表在《庸言報》上），這時更銳然欲有以自見，著《銀行制度之建設》等文，發表他的主張。進步黨的《中華民國憲法草案》也出於他的手筆。袁世凱因此特設一個幣制局，以他為總裁（一九一四），俾他能夠實行他的主張。然梁氏就任總裁之後，卻又遇到了種種的未之前遇的困難；他的主張一點也不能施行。實際問題與理論竟是這樣地不能調合。結果，僅獲得《余之幣制金融政策》一篇空文，而不得不辭職以去。自此，他對於袁氏方漸漸地絕望了，對於政治生涯也決然地生了厭惡、捨棄之心。他寫了一篇很深痛的宣言，即：吾今後所以報國者，極懇摯地說明，他自己是很不適宜於實際的政治活動的。他說：「夫社會以分勞相濟為宜，而能力以用其所長為貴。

吾立於政治當局，吾自審雖早作夜思，鞠躬盡瘁，吾所能自效於國家者有幾？夫一年來之效既可睹矣。吾以此心力，轉而用諸他方面，安見其所自效於國家者，不有以加於今日！」他更決絕地說道：「故吾自今以往，除學問上或與二三朋輩結合討論外，一切政治團體之關係，皆當中止。乃至生平最敬仰之師長，最親習之友生，亦惟以道義相切劘，學藝相商榷。至其政治上之言論行動，吾決不願有所與聞，更不能負絲毫之連帶責任。非孤僻也，人各有其見地，各有其所以自信者。雖以骨肉之親，或不能苟同也。」他這樣地痛切地悔恨着過去的政治生涯，應該再度地入於「著述時代」了。然而正在這個時候，一個大變動的時代卻恰恰與他當面。歐戰在這時候發生了；繼之而中日交涉勃起，日本欲乘機在中國獲得意外的權利；繼之而帝制運動突興，袁世凱也竟欲乘機改元洪憲，改國號中華帝國，而自為第一代的中華帝國的皇帝。種種大事變緊迫而來，使他那麼一位敏於感覺的人，不得不立刻興起而謀所以應付之。於是他便又入於第二期的政治生涯。

第二期是「護國戰役」時代。他對於歐戰，曾著有《歐洲大戰史論》一冊；後主編《大中華月刊》，便又著《歐戰蠡測》一文。更重大的事件，中日交涉，使他與時人一樣地受了極大的刺激。他接連在《大中華》上寫着極鋒利極沉痛的評論，如《中日最近交涉平議》，《解決懸案耶新要求耶》，《外交軌道外之外交》，《交涉乎命令乎》，《示威耶挑戰耶》諸作。及這次交涉結束之後，他又作《痛定罪言》，《傷心之言》二文。他不曾作過甚麼悲苦的文字，然而這次他卻再也忍不住了！他說道：「吾固深感厭世說之無益於群治，恆思作壯語留餘望以稍蘇國民已死之氣。而吾乃時時為外境界所激刺，所壓迫，幾於不能自舉其軀。嗚呼！吾非傷心之言而復何言哉！」（《傷心之言》）

更重大的事件帝制運動，又使他受了極大的刺激。他對於這次的刺激，卻不僅僅以言論而竟以實際行動來應付他了。帝制問題其內裡的主動當然是袁世凱，然表面上則發動於古德諾的一篇論文及籌安會的勸進。這是乙卯（一九一五）七月間的事。梁氏便立刻著《異哉所謂國體問題者》一文，發表於《大中華》。梁氏在十年前，原是君主立憲論的主持者，然對於這次的政體變更，卻期期以為不可。他的理由在《異哉所謂國體問題者》裡說得又透徹，又嚴肅，又光明，又譏誚。他以為自辛亥八月以來，未及四年而政局已變更了無數次，「使全國民彷徨迷惑，莫知適從」。作帝制論者何苦又「無風鼓浪，興妖作怪，徒淆民視聽，而貽國家以無窮之戚」，並為袁氏及籌安會諸人打算利害，以為此種舉動是與「元首」以不利的。當時他亦「不敢望此文之發生效力。不過因舉國正氣銷亡，對於此大事無一人敢發正論，則人心將死盡，故不顧利害死生，為全國人代宣其心中所欲言之隱耳」。（以上引文皆錄自《盾鼻集》）他的此文草成未印時，袁氏已有所聞，曾託人以二十萬元賄之。梁氏拒之，且錄此文寄袁氏。未幾，袁氏又遣人以危辭脅喝他，說：「君亡命已十餘年，此種況味亦既飽嘗，何必更自苦。」梁氏笑道：「余誠老於亡命之經驗家也。余寧樂此，不願苟活於此濁惡空氣中也。」來的人語塞而退。這時，梁氏尚住在天津。他的從前的學生蔡鍔，革命後曾任雲南都督，這時則在北平。於是梁、蔡二氏便密謀實際上的反抗行動。在天津定好種種軍事計劃，決議：雲南於袁氏下令稱帝後即獨立。二人並相約：「事之不濟，吾儕死之，決不亡命。若其濟也，吾儕引退，決不在朝。」他們便相繼秘密南下。蔡氏徑赴雲南，梁氏則留居上海。這一年十二月，雲南宣佈獨立，進攻四川。廣西將軍陸榮廷則約梁氏赴桂，同謀舉義事。他說道：「君朝至，我夕即舉義。」許多人皆勸梁氏不要冒險前去，然他卻不顧一切地應召而去。丙辰（一九一六）三月，梁氏由安南偷渡到桂，時海防及其附近一帶鐵路，袁政府的偵探四佈。梁氏避匿山中，十日不乘火車，而間道行入鎮南關。至則廣西已獨立。不久，廣東亦被迫而獨立。然廣東局面不定，梁氏冒險去遊説龍濟光，幾乎遇害。兩廣局面一定，他便復到上海，從事於別一方面的活動。這時才知道他的父親寶瑛，已於他間道入廣西時病歿了。這時，情形已大為轉變。浙江、陝西、湖南、四川諸省皆已獨立；南京的馮國璋也聯合長江各省謀反抗。正在這個時候，袁世凱忽然病死。於是這次的「護國戰爭」便告了結束。黎元洪繼任大總統，段祺瑞組織內閣，梁氏則實踐初出時的「決不在朝」的宣言，並不擔任政務。然不久，卻又有一個大變動發生，又將梁氏牽入漩渦，使他再度第三期的政治生涯。

第三期是「復辟戰役」時代。當歐戰正酣時，中國嚴守中立，不表示左右袒的態度，雖日本在山東佔領了好幾個地方，以攻青島，我們也只是如在日俄戰爭時代一樣地置之不見不聞。到了後來，德國厲行潛水艇海上封鎖政策，美國首先提出抗議。中國的抗議也繼之而提出。德國方面卻置之不理。於是中國便進一步而與德奧絕交，協約國極力勸誘中國也加入戰團。梁氏承認這是一個絕好的機會，可以增高中國在國際上的地位，並可以收回種種已失的權利，便極力鼓吹對德奧宣戰。他在大戰的初期，著《歐洲大戰史論》及《歐戰蠡測》之時，雖預測德國的必勝，然在這個時候，他已漸漸地瞧透德奧兵力衰竭的情形了。在這個時候，黎元洪與段祺瑞已表示出明顯的政爭情態。實際上是總統與總理的權限之爭，表面上卻借了參戰問題，做政爭的工具，段氏主張參戰，黎氏則反對參戰。梁氏因段氏的主張與他自己的相投合，便自然地傾向到段氏一方面去。不幸這次的政爭愈演愈烈；參戰問題始終不能解決，而內政問題卻因黎氏的決然免去段職之故而引起了一段意外的波瀾。

段氏免職之後，繼之而有督軍團的會議，而有各省脱離中央的宣告，並有張勳統兵五千入北京，任調停之舉。這個「調停軍」的內幕，卻將黎段兩方都蒙蔽了。原來，張勳此來，係受了康有為諸人的慫恿，有擁宣統復辟之意。黎氏固不及覺察，即段氏也不甚明白。直到張勳到了天津，復辟的空氣十分濃厚。他們才十分地驚惶。於是梁氏與熊希齡急急地欲謀補救，宣統復辟於六年七月初成事實。梁氏乃極力地遊説段祺瑞，要他就近起來反抗。馬廠誓師的壯舉，一半是梁氏所慫恿的。梁氏自己也於七月一日發表了一篇反對復辟的通電，持着極顯白的反抗態度。他陳説變更國體的利害，十分地懇切動人，較他的《異哉所謂國體問題者》一文尤為直捷痛切。他説：「苟非各界各派之人，咸有覺悟，洗心革面，則雖歲更國體，而於政治之改良何與者。若曰建帝號則政自肅，則清季政象何若，我國民應未健忘。今日蔽罪共和，過去罪將焉蔽。況前此承守成餘蔭，雖委裘猶可苟安，今則師悍士狡，挾天子以令諸侯。謂此而可以善政，則莽卓之朝，應成郅治。似斯持論，毋乃欺天！」這些話，都足以直攻復辟論者的中心而使之受傷致命的。梁氏又說：「啟超一介書生，手無寸鐵，捨口誅筆伐外，何能為役。且明知樊籠之下，言出禍隨，徒以義之所在，不能有所憚而安於緘默。抑天下固多風骨之士，必安見不有聞吾言而興者也。」然這事不必望之於他人，他自己便已投筆而興了，他自己已不徒實行着口誅筆伐，而且躬身於「討伐」之役了。這時，他與康有為已立於正面的對敵地位。自戊戌以後，梁氏與康氏便已貌合神離，為了孔教問題，也曾明顯地爭鬥過。而這次卻第二次為了政治問題而破臉了。梁氏自己相信他始終是一位政論家，不適宜於做政治上的實際活動。他非到萬不得已的時候，決不肯放下政論家的面目而從事於政治家的活動。這一次，與護法戰役之時相同，都是使他忍不住不出來活動的。他帶着滿腔的義憤，與段祺瑞會見於天津；他說動了段氏，舉兵入北京。在這時，似乎也只有段氏一個人比較地可以信託。其他的督軍軍人們都是首鼠兩端的。段氏的崛起，使張勳減少了不少的隨從。段氏便很快地得到了成功，撲滅了以張勳、康有為為中心的清帝復辟運動。張、康等皆逃入使館區域。梁氏在政治上的成功這是第二次。他對於共和政體的擁護，這也是第二次。

段氏復任總理，黎氏退職，由副總統馮國璋就任大總統。段氏既復在位，對德奧宣戰，便於那一年的八月十四日實行。梁氏這次並不曾於功成後高蹈而去。他做了段內閣的財政總長（一九一七）。他很想發展他的關於財政上的抱負，然而在當時的局面之下卻不容他有甚麼主張可以見諸實施。不久，他便去職。經過這一次的打擊之後，他七年來的政治生涯便真的告了一個終結。自此以後，他便永不曾再度過實際上的政治生活。自此以後，即自戊午（一九一八）冬直到他去世，便入於他的第二期的著述時代。

第二期的著述時代綿亙了十一年之久。這個時代，開始於他的歐遊。一九一八年歐戰告終，和會開始。抱世界和平的希望的人很多，梁氏也是其一。他既倦於政治生涯，便決意要到歐洲去考察戰後的情形。他於民國七年十二月由上海乘輪動身。他自己說：「我的出遊目的，第一件是想自己求一點學問，而且看看這空前絕後的歷史劇怎樣收場，拓一拓眼界。第二件也因為正在做正義人道的外交夢。以為這次和會，真是要把全世界不合理的國際關係根本改造立個永久和平的基礎，想拿私人資格將我們的冤苦，向世界輿論申訴申訴，也算盡一二分國民責任。」（《梁任公近著》第一輯卷上七十三頁）在船上，他本着第二個目的，曾做兩三篇文章，為中國鼓吹，其中有一篇是《世界和平與中國》，表示中國國民對於和平會議的希望。後來譯印英法文，散佈了好幾千本。他在歐洲，到過倫敦、巴黎，到過西歐戰場，到過意大利、瑞士，還到過為歐戰導火線之一的亞爾莎士、洛林兩州。這一次的旅行，經過了一年多。民國九年春天歸國，他自己曾說起對於此行的失望，第一是外交完全失望了，他的出國的第二個目的，最重大的目的，已不能圓滿達到；第二是他「自己學問，匆匆過了整年，一點沒有長進」。在這一年中，真的，他除了未完篇的《歐遊心影錄》之外，別的東西一點也沒有寫；而到了回國以後所著作、所講述的仍是十幾年前《新民叢報》時代，或第一期的著述時代所注意、所探究的東西，一點也沒有甚麼新的東西產生。由此可見他所自述的一年以來「一點沒有長進」，並不是很謙虛的話。

然而他回國以後所講述、所著作的東西，題材雖未超出十幾年前《新民叢報》時代所探討的，在內容上與文字、體裁上卻已有了很大的不同了：第一，他如今所研究的較前深入，較前專門；已入於謹慎的細針密縫的專門學者的著作時期，而非復如從前那末樣地粗枝大葉、一往無前的少年氣盛的態度了。所以《論中國學術思想變遷之大勢》的一篇長文，在當時可以二三個月的時間寫成之者，如今則不能不慎重地從事；經過了好幾年的工夫，還只成了《清代學術概論》的一部（即《中國學術史》第五種），《中國佛教史》（《學術史》第三種）則已半成而又棄去。他自己雖說「欲以一年內成此五部」（《清代學術概論》第二自序），然其他幾部卻始終不曾出現。其他著作也均有這樣的謹慎態度。第二，他的文字已歸於恬淡平易，不復如前之浩浩莽莽，有排山倒海的氣勢，窒人呼吸的電感力了。讀《新民叢報》的文字，我們至今還會感到一種興奮，讀近年來的梁氏文字，則如讀一般的醇正的論學文字，其所重在內容而不在辭章。第三，他的文章體裁也與從前有了一個很大的變化；從前他是用最淺顯流暢的文言文，自創一格的政論式的文言文，來寫他的一切著作的；在這個時代，他卻用當代流行的國語文，來寫他的著作了。由此可見梁氏始終是一位腳力輕健的壯漢，始終能隨時代而走的。

但很有些人卻說梁任公此後文字的不能動人，完全是因為他拋棄了他所自創的風格而去採用了不適宜於他應用的國語文之故。這當然是一種很可笑的無根據的見解。以梁氏近七八年來的態度與見解，而欲其更波翻雲湧地寫出前十七八年的《新民叢報》時代的論文，怎麼還會可能的呢？且第二期的著述時代的作品也不盡是以國語文寫成的。溪水之自山谷陡降也，氣勢雄健，一往無前，波跳浪湧，水聲雷轟，一切山石懸岩，皆只足助其壯威，而不足以阻其前進；及其流到了平原之地，則聲息流平，舒徐婉曲，再也不會有從前那末樣的怒叫奔騰了。這便是年齡，便是時代，便是他本人的著作態度，使梁氏的文字日就舒徐婉曲的，並沒有甚麼別樣的理由。

他從歐洲歸後，至民國十一年雙十節前，所著述的約有一百萬字。他自己曾在《梁任公近著》第一輯的序中統計過：「已印佈者，有《清代學術概論》約五萬言，《墨子學案》約六萬言，《墨經校釋》約四萬字，《中國歷史研究法》約十萬言，《大乘起信論考證》約三萬言。又三次所輯講演集約共十餘萬言。其餘未成或待改之稿有《中國韻文裡頭所表示的情感》約五萬言，《國文教學法》約三萬言，《孔子學案》約四萬言，又《國學小史稿》，及《中國佛教史稿》全部棄卻者各約四萬言，其餘曾經登載各日報及雜誌之文，約三十餘萬言，輒輯為此論，都合不滿百萬言，兩年有半之精神，盡在是矣。」

此時以後的著作，則有《陶淵明》（單行）、《戴東原先生傳》、《戴東原哲學》、《人生觀與科學》、《近代學風之地理的分佈》、《說方志》、《國學入門書要目及其讀法》等等。尚有《中國文化史》的未定稿一篇、《社會組織篇》，亦已印行。

綜觀這個「第二著述時代」的梁氏的著作，其研究的中心有四。第一，是對於佛教的研究。這是他將十幾年前的《論中國學術思想變遷之大勢》中，關於佛教的一部分放大了的。他的《中國佛教史》雖未完成，然已有好幾篇很可觀的論文告畢的了；如在庚申（一九二〇）所寫的《佛教之初輸入》、《二千五百年前之中國留學生》、《佛教與西域》、《印度史跡與佛教之關係》、《佛典之翻譯》、《翻譯文學與佛典》等皆是；其所着意乃在於「佛教的輸入」史一部分。在這部分上，他的研究確是很深邃的，其材料也大都是他辛苦收集得來的。與前十幾年之稗販日本人的研究結果的文字完全不同。第二年（一九二一），他在南京東南大學講演，同時又到支那內學院，研究佛教經典。《大乘起信論考證》即作於是年。壬戌（一九二二），又寫了一篇《印度與中國文化之親屬的關係》，可以說是研究佛教的餘波。

第二，是對於先秦諸子的研究。這也是將「中國學術思想變遷」中關於先秦思想的一部分放大了的。然其研究的面目，與前也已十分地不同。庚申（一九二〇）年寫成的有《老子哲學》、《墨子年代考》、《墨經校釋》等，第二年（辛酉）又寫成《墨子學案》一書。梁氏對於墨子本來研究得很深。從前有過一部《墨學微》出版。這一次的研究，則「與少作全異其內容」。《先秦政治思想史》則出版於壬戌年。

第三，是對於清代學術思想的研究。這也是將《論中國學術思想變遷之大勢》一文中，關於清代學術的一部分加以放大的。在這一方面，他自己說：「余今日之根本觀念，與十八年前無大異同，惟局部的觀察，今視昔似較為精密。且當時多有為而發之言，其結論往往流於偏至；——故今全行改作，採舊文者什一二而已。」（《〈清代學術概論〉自序》）《清代學術概論》出版於庚申，是他對於清代學術的有系統的一篇長論，但多泛論，沒有甚麼深刻的研究的結果。獨有對於康有為及他自己今文運動的批評，卻是很足以耐人尋味的。此外對於戴東原的研究也是他的一個專心研究的題目。《戴東原先生傳》、《戴東原哲學》、《戴東原著述纂校書目考》（皆作於癸亥）都是他研究的結果。又有《明清之交中國思想界及其代表人物》（甲子）及《顏李學派與現代教育思潮》（癸亥）亦可歸入這一類。

第四，是對於歷史的研究。這又是將十幾年前他所作的《新史學》等文放大的。關於這一方面，所作有《近代學風之地理的分佈》（甲子)、《中國歷史上民族之研究》(壬戌)、《歷史統計學》(壬戌)、《中國歷史研究法》(壬戌)、《說方志》(甲子)等。《中國歷史研究法》是他的《中國文化史》稿的第一篇。他的《中國文化史》,其規模較他的《中國學術史》為尤大。除此作外,尚成有一部《社會組織篇》,惟未公開發表。

這些都是與他十幾年前的研究有很密切的關係的。所以我們可以說第二期著述時代的梁任公作品,都不過是第一期著述時代的研究的加深與放大而已。但也有一部分軼出於這個範圍之外:一是幾篇關於人生觀與科學(癸亥)的論文,二是幾篇對於中國詩歌的研究,如《屈原研究》、《情聖杜甫》、《陶淵明》、《中國韻文裡頭所表示的情感》(皆作於壬戌)等等。他的關於時事論文,這時所作很少。真可以說是實踐他前幾年在《吾今後所以報國者》一文中所說的「吾自今以往,不願更多為政譚。非厭倦也，難之，故慎之也。政譚且不願多作，則政團更何有。」而未能實踐的話。

他在卒前的二三年，雖仍在清華學校講學不輟，然長篇巨著的發表已絕少。最後的幾年，可以說是他生平最消沉的時代。這一半是因為他的夫人李氏在民國十六年得病而死，他心裡很不高興，一半也因為他自己有病，雖曾到北平的一家醫院裡割去過一隻內腎，而病仍未痊癒，最後還是因此病死去。他自己說：

> 我今年受環境的酷待，情緒十分無俚。我的夫人從燈節起，臥病半年，到中秋日，奄然化去。她的病極人間未有之痛苦，自初發時，醫生便已宣告不治。半年以來，耳所觸的只有病人的呻吟，目所接的只有兒女的涕淚。喪事初了，愛子遠行，中間還夾

着群盜相噬，變亂如麻，風雪蔽天，生人道盡。塊然獨坐，幾不知人間何世。哎，哀樂之感，凡在有情，其誰能免。平日意態活潑興會淋漓的我，這會嗒然氣盡了。（《痛苦中的一點小玩意兒》）

以後幾年，他的意緒似還未十分地恢復。但他究竟是一位強者，雖在這種「嗒然氣盡」的環境，仍還努力地工作着。他在病中還講學，還看書，還著書。臨死前的數月，專以詞曲自遣。擬撰一部《辛稼軒年譜》。在醫院中還託人去搜覓關於辛稼軒的材料。忽得《信州府志》等書數種，便狂喜攜書出院，仍繼續他的《辛稼軒年譜》的工作。然他的病軀已不能再支持下去了。今年一月十九日，梁氏便卒於北平醫院裡。《辛稼軒年譜》成了他的未完工的一部最後著作。

三　梁任公之政治

每個人都有自知之明；然真能深知灼見他自己的病根與缺點與好處之所在的，卻不很多；每個人都能夠於某一個時候，坦白披露他自己的病根，他自己的缺點，他自己的好處；然真能將自己的病根與缺點與好處分析得很正確，很明白，而昭示大眾，一無隱諱的，卻更不多。梁任公先生便是一位真能深知灼見他自己的病根與缺點與好處的，便是一位真能將他自己的病根與缺點與好處分析得很正確，很明白，而昭示大眾，一無隱諱的。世人對於梁任公先生毀譽不一；然有誰人曾將梁任公罵得比他自己所罵得更透徹更中的的麼?有誰人曾將梁任公恭維得比他自己所恭維得更得體、更恰當的麼?一部傳記的最好材料是傳中人物的自己的記載,同此,一篇批評的最好材料,也便是被批評者對於他自己的批評。這句話,在別一方面或未能完全適合,然論到梁任公,卻是再恰當也沒有的了。

梁任公最為人所恭維的——或者可以說,最為人所詬病的——一點是「善變」。無論在學問上,在政治活動上,在文學的作風上都是如此。他在很早的時候曾著一篇《善變之豪傑》(見《飲冰室自由書》),其中有幾句話道:「語曰,君子之過也,如日月之食焉,人皆見之,及其更也,人皆仰之。大丈夫行事磊磊落落,行吾心之所志,必求至而後已焉。若夫其方法,隨時與境而變,又隨吾腦識之發達而變,百變不離其宗。」他又有一句常常自誦的名語,是「不惜以今日之吾與昨日之吾宣戰」。我們看他，在政治上則初而保皇，繼而與袁世凱合作，繼而又反抗袁氏，為擁護共和政體而戰，繼而又反抗張勳，反抗清室的復辟；由保皇而至於反對復辟，恰恰是一個對面，然而梁氏在六七年間，主張卻已不同至此。這難道便是如許多人所詬病於他的「反覆無常」麼？我們看他，在學問上則初而沉浸於詞章訓詁，繼而從事於今文運動，說偽經，談改制，繼而又反對康有為氏的保教尊孔的主張，繼而又從事於介紹的工作，繼而又從事於舊有學說的整理；由主張孔子改制而至於反對孔教，又恰恰是一個對面，然而梁氏卻不惜於十多年間一反其本來的見解。這不又是世人所譏誚他的「心無定見」麼？然而我們當明白他，他之所以「屢變」者，無不有他的最強固的理由，最透徹的見解，最不得已的苦衷。他如頑執不變，便早已落伍了，退化了，與一切的遺老遺少同科了；他如不變，則他對於中國的貢獻與勞績也許要等於零了。他的最偉大處，最足以表示他的光明磊落的人格處便是他的「善變」，他的「屢變」。他的「變」，並不是變他的宗旨，變他的目的；他的宗旨，他的目的是並未變動的；他所變者不過方法而已，不過「隨時與境而變」，又隨他「腦識之發達而變」其方法而已。他的宗旨，他的目的便是愛國。「其方法雖變，然其所以愛國者未嘗變也。」凡有利於國的事，凡有益於國民的思想，他便不惜「屢變」，而躬自為之，躬自倡導着。惟其愛的是國，所以他生平「最愛平和憚破壞」（《盾鼻集·在軍中敬告國人》）。所以他在辛亥時代則怕因變更國體之故而引起劇戰；在民國元二年之交，則又「懼邦本之屢搖，憂民力之徒耗」而不惜與袁世凱合作。惟其愛的是國，所以他不忍國體屢更，授野心家以機會，所以他兩次為共和而戰，護國體，即所以護國家。惟其愛的是國，所以他竭力地說明保國與保教的不同，而力與他自己前幾年的主張相戰。他在《保教非所以尊孔論》的前面，有過一段小引：

此篇與著者數年前之論相反對，所謂我操我矛以伐我者也。今是昨非不敢自默。其為思想之進步乎，抑退步乎？吾欲以讀者思想之進退決之。

以梁氏思想與主張之屢變而致此譏誚的，我也不知道他們的思想到底是「進步乎，抑退步乎」？

梁氏是一位感覺最靈敏的人，是一位感情最豐富的人，所以四周環境裡一有顯著的變動，他便起而迎之，起而感應之。這又是他的「善變」的原因之一。例如，一件極小的事，前幾年的「人生觀與科學」的論戰，他的朋輩有一部分加入，他便也不由自主地而捲入這個爭論的漩渦中。前幾年有幾個人在開列着國學書目，在研究着墨子、戴東原、屈原、印度哲學，他便也立刻地引起了他所久已放棄了的研究這些題目的興致。

梁氏又是一位極能服善的人，他並不謬執他自己的成見；他可以完全拋棄了他自己的主張，而改從別人的。這大約又是他的「善變」的原因之一。他本治戴、段、王考證，及見康有為，則「盡棄所學而學焉」。到了日本之後，他見到日本人的著作，則又傾向於他們而竭力地去汲引了他們過來。當他中年以後，國語文的採用，成了必然的趨勢。雖然一般頑執者竭全力以反對之，他卻立刻便採用國語文以寫他的文章，一點也不吝惜地捨去了他的政論式（或策論的，或《新民叢報》式的）已成為一大派別的文體。這可見他的精神是如何地博大，他的見解如何地不黏着。

梁氏還有一個好處或缺點——大多數人卻以為這是他的最可詬病之缺點——便是「急於用世」，換一句話，說得不好聽一點，便是「熱中」。他在未受到政治上的種種大刺激之前，始終是一位政治家，雖然他曉得自己的短處，說是不適宜於做政治活動。然在七年十二月之前，哪一個時候不在做着政治的活動，不在過着政治家的生涯。戊戌不必說，民元二年不必說，民五六七年不必說，即在留居日本的時候，辦《清議報》，辦《新民叢報》，辦《國風報》，還不都在做着政治活動麼？到澳洲，到美洲，到菲律賓，還不都在做着政治活動麼？即民七年到歐洲去，還不帶有一點政治的意味麼？《新民叢報》時代，論學之作雖多，然其全力仍注意在政治上。他自己有以下一段話最足以表現他的政治生涯：

吾二十年來之生涯，皆政治生涯也。吾自距今一年前，雖未嘗一日立乎人之本朝。然與國中政治關係，殆未嘗一日斷。吾喜搖筆弄舌，有所論議。國人不知其不肖，往往有樂傾聽之者。吾學問既譾薄，不能發為有統系的理想，為國民學術闢一蹊徑。吾更事又淺，且去國久，而與實際之社會閡隔，更不能參稽引申，以供凡百社會事業之資料。惟好攘臂扼腕以譚政治。政治譚以外，雖非無言論，然匣劍帷燈，意固有所屬。凡歸於政治而已。吾亦嘗欲藉言論以造成一種人物。然所欲造成者，則吾理想中之政治人物也。（《吾今後所以報國者》）

惟其對於政治這樣地「熱中」，所以他一有機會，便想出來做一點事，為國家做一點事。政治上的活動人物，有兩種不同之型式，一種是革命者，一種是改良者。革命者有他的政綱，有他的主義，他是要徹底改革的，他是要徹底建設的。改良者則不然，他不見得有具體的政綱，不見得有一成不變的主義，他不想破壞現狀，他沒有打倒了一個舊的創出一個新的的雄心，他只欲在現狀之下，使他盡量地改良，盡量地做一點好事。非萬不得已，他決不肯去推翻已成的勢力。因為他相信有所憑藉而做事，每是犧牲最少而成功最易的。梁任公便徹頭徹尾是這樣的一位改良派的政治家。傳說中的伊尹，五就桀、五就湯，古傳中的孔子，一日不得其君，則惶惶然若不可終日，皆是這個型式中的人物。梁氏既是一位改良者，所以他在辛亥革命成功以前便反對革命而主張君主立憲；在袁世凱未露逆謀之前，便始終以為他還是可以與之為善的；在段祺瑞最無忌憚的時代，便也未覺得他是絕望了的。總之，他是竭力欲出來做一點好事的。現狀的能否根本推倒原是很渺茫的，所以還是就現狀之下，而力謀補助，力求改良，力求做一點好事，即僅僅是一點也是好的。像這樣地「熱中」下去，當然未免有「不擇人而友」之譏。然而他的心卻是熱烈的，卻是光明的，卻是為國的；即在與最不堪為伍的人為伍時，我們也還該原諒他幾分。比之一事不做的處士，貪污壞事的官吏，其善不肖為何如。何況梁氏也曾兩次放下了他的改良者的面目，為正義自由，為國體人格而戰，已足一洗其政治上的溫情主義者或容忍主義者之恥呢！

四　梁任公之治學

在學術上，梁氏對於他自己的成就也有很正確的分析與批判。他的話是那樣地坦白可喜，竟使我們無從於此外再贊一辭：

啟超之在思想界，其破壞力確不小，而建設則未有聞。晚清思想界之粗率淺薄，啟超與有罪焉。啟超常稱佛説，謂：「未能自度，而先度人，是為菩薩發心。」故其生平著作極多，皆隨有所見，隨即發表。彼嘗言：「我讀到『性本善』，則教人以『人之初』而已。」殊不思「性相近」以下尚未讀通，恐並「人之初」一句亦不能解；以此教人，安見其不為誤人。啟超平素主張，謂須將世界學說為無限制的盡量輸入，斯固然矣；然必所輸入者確為該思想之本來面目，又必具其條理本末，始能供國人切實研究之資；此其事非多數人專門分擔不能。啟超務廣而荒，每一學稍涉其樊，便加論列；故其所述著，多模糊影響籠統之談，甚者純然錯誤；及其自發現而自謀矯正，則已前後矛盾矣。平心論之，以二十年前思想界之閉塞萎靡，非用此種鹵莽疏闊手段，不能烈山澤以闢新局；就此點論，梁啟超可謂新思想界之陳涉。……啟超與康有為有最相反之一點，有為太有成見，啟超太無成見，其應事也有然，其治學也亦有然。有為常言：「吾學三十歲已成，此後不復有進，亦不必求進。」啟超不然，常自覺其學未成，且憂其不成，數十年日在旁皇求索中。故有為之學，在今日可以論定；啟超之學則未能論定。然啟超以太無成見之故，往往徇物而奪其所守；其創造力不逮有為，殆可斷言矣。啟超「學問欲」極熾，其所嗜之種類亦繁雜，每治一業，則沉溺焉，集中精力，盡拋其他；歷若干時日，移於他業，則又拋其前所治者。以集中精力故，故常有所得；以移時而拋故，故入焉而不深。彼嘗有詩題其女令嫻《藝蘅館日記》云：「吾學病愛博，是用淺且蕪，尤病在無恆，有獲旋失諸。百凡可效我，此二無我如。」可謂有自知之明。（《清代學術概論》第一百四十七至一百四十九頁）

他因為「愛博」，所以不能專，不能深入，因為他「每一學稍涉其樊，便加論列」，所以「淺且蕪」的弊，也免不了。然而他究竟是中國

「新思想界之陳涉」，雖未必有精湛不磨的成功，然他的篳路藍縷，以開荒莿的功績已經不小了。且他還不僅僅為一個陳涉而已，他的氣勢的闊大，規模的弘博，卻竟有點像李世民與忽必烈，雖未及建國立業，其氣勢與規模已足以駭人了。他在政治上雖是一位溫情主義的改良論者，野心一點也不大，然在學術上，他卻是一位虎視眈眈的野心家。他不動手則已，一動手便有極大的格局放在那裡；不管這個格局能否計劃得成功。他喜於將某一件事物，某一國學術作一個通盤的打算，上下古今地大規模地研究着，永不肯安於小就，作一種狹窄專門的精密工作。例如，他要論中國的學術，便寫了一篇《論中國學術思想變遷之大勢》，要論中國的民族，便寫了一篇《歷史上中國民族之觀察》，要對於「國學」有所講述，便動手去寫一篇《國學小史》，要對於中國民族的文化有所探究，便又動手去寫《中國文化史》。這些都是極浩瀚的工作，然而他卻一往無前地做去；絕不問這個工作究竟有無成功的可能。他的《中國學術史》，據他的計劃要分為五部分，其一：先秦學術，其二：兩漢六朝經學及魏晉玄學，其三：隋唐佛學，其四：宋明理學，其五：則為清學。他的《國學小史》為民九在清華學校的課外講演；五十次的講述，講義草稿盈尺。我們未見此稿，不知內容究竟如何，然即就其論墨子的一部分（已印行，即《墨子學案》）而觀之，已可想見其全書內容的如何弘博了。最可駭人的還有他的《中國文化史》的計劃；他為了要寫此書，特地先寫了一篇極長的敘論印行，名為《中國歷史研究法》。在他的已成的《中國文化史》本文的一小部分社會組織篇上，我們又見到他的《中國文化史》的全部計劃。這個文化史，範圍極為廣大，凡分三部，二十九篇，上自敘述歷史事實的《朝代篇》，下至研究圖書的印刷、編纂、收藏的《載籍篇》，凡關於中國的一切事物，幾無不被包括在內。現在且鈔錄其全目於下：

第一部

《朝代篇》（神話及史闕時代，宗周及春秋，戰國及秦，兩漢，三國南北朝，隋唐及五代，宋遼）

《種族篇》上（漢族之成分，南蠻諸族）

《種族篇》下（北狄諸族，東胡諸族，西羌諸族）

《地理篇》（中原，秦隴，幽并，江淮，揚越，梁益，遼海，漠北，西域，衛藏）

《政制篇》上（周之封建，秦之郡縣，漢之郡國及州牧，三國南北朝之郡縣及諸鎮，唐之郡縣及藩鎮，唐之藩屬統治法，宋

之郡縣及諸使，元之行省及封建，明清之行省及封建，清之藩屬統治法，民國之國憲及省憲）

《政制篇》下（政樞機關之制度及事實上之沿革，政務分部之沿革，監察機關之沿革，清末及民國之議會，司法機關，政權旁落之變象）

《輿論及政黨篇》（歷代輿論勢力消長概觀，漢之黨錮，宋之王安石及司馬光，明之東林復社，清末及民國以來所謂政黨）

《法律篇》（古代法律蠡測，自戰國迄清中葉法典編纂之沿革，漢律，唐律，明清律例及會典，近二十年制律事業）

《軍政篇》（兵制沿革，兵器沿革，戰術沿革，歷代大戰比較觀，清末及民國軍事概說，海軍）

《財政篇》（力役及物貢，租稅，專賣，公債，支出分配，財

政機關）

《教育篇》（官學及科舉，私人講學，唐宋以來之書院，現代之學校及學術團體）

《交通篇》（古代路政，自漢迄清季驛遞沿革，現代鐵路，歷代河渠，海運之今昔，現代郵電）

《國際關係篇》（歷代之國際及理藩，明以前之歐亞關係，唐以後之中日關係，明中葉以來之中荷中葡關係，清初以來之中俄關係，清中葉以來之中英中法關係，清末以來之中美關係）

第二部

《社會組織篇》（母親，婚姻及家族，宗法及族制，階級，鄉

治，都市）

《飲食篇》（獵牧耕三時代，肉食，粒食，副食，烹飪，麻醉品，米鹽茶酒煙之特別處理）

《服飾篇》（蠶絲，卉服，皮服，裝飾，歷代章服變遷概觀）

《宅居篇》（有史以前之三種宅居，上古宮室蠡測，中古宮室蠡測，西域交通與建築之影響，室內陳設，城壘，井渠）

《考工篇》（石銅鐵器三時代，漆工，陶工，冶鑄，織染，車，舟，文房用品，機械，現代式之工業）

《通商篇》（古代商業概觀，戰國秦漢間商業，漢迄唐之對外商業，唐代商業，宋遼金元明間商業，恰克圖條約以後之對外商業，南京條約以後之對外商業，近代國內商業概觀）

《貨幣篇》（金屬貨幣以前之交易媒介品，歷代圜法沿革，金

銀，紙幣，最近改革幣制之經過，銀行）

《農事及田制篇》（農產物之今昔觀，農作技術之今昔觀，荒政，屯墾，井田均田之興廢，佃作制度雜觀，森林）

第三部

《言語文字篇》（單音語系之歷史的嬗變，古今方言概觀，六書之孳乳，文字形體之蛻變，秦漢以後新造字，聲與韻，字母，漢族以外之文字，近代之新字母運動）

《宗教禮俗篇》（古今之迷信，陰陽家言及讖緯家言，道教之興起及傳播，佛教信仰之史的觀察，摩尼教，猶太教之輸入，回教之輸入，基督教之輸入及傳播，歷代祀典及淫祀，喪禮及葬

禮，時令與禮俗）

《學術思想篇》上（古代學術思想之紹述機關，思想淵源，儒家經典之成立，戰國時諸子之勃興，西漢時儒墨道名法陰陽六家之廢興及蛻變，西漢經學，南北朝隋唐經學，佛典之翻譯，佛學之宗派，儒佛道之諍辯與會通，宋元理學之勃興，程朱與陸王，清代之漢學與宋學，晚清以來學術思想之趨勢）

《學術思想篇》下（史學，考古學，醫學，曆算學，其他之自然科學）

《文學篇》（散文，詩騷及樂府，詞，曲本，小說）

《美術篇》（繪畫，書法，雕塑，建築，刺繡）

《音樂篇》（樂律，古代音樂蠡測，漢後四夷樂之輸入，唐之雅樂清樂燕樂，唐宋間樂調之變化，元明間之南北曲，樂器，樂

舞，戲劇）

《載籍篇》（古代書籍之傳寫裝潢，石經，書籍印刷術之發明及進步，活字板，漢以來歷代官家藏書，明以來私家藏書，類書之編纂，叢書之輯印，目錄學，製圖，拓帖）

中國文化史究竟是不是這樣的編著方法，我們且不去管他；即我們僅見此目，已知他的著書的膽力之足以「吞全牛」了。但因為他的規模過於弘偉之故，所以他的著作，往往是不能全部告成的；中國文化史固已成了「廣陵散」，即比較規模較小的《中國學術史》也因了此故而迄不能成功。這當然是很可悼惜的事，在這一方面，我們不禁要想起了著《通志》的鄭樵。鄭樵的野心正與梁氏不相上下；他的《通志》恰好是《中國文化史》的一個絕妙的對照。然而鄭樵卻成功了；梁氏則半因愛博無恆，半因「屢為無聊的政治活動所牽率，耗其精而荒其業」，終於成了一個未能成功的鄭夾漈！我們在此，不僅為梁氏惜，也要為中國學術界惜。這部大著作假如告成，即使有了千萬則的缺漏以及一切的蕪淺，對於中國讀者也是極有益的；他所要做到的至少是將專門的學問通俗化了，是將不易整理就緒的材料排比得有條理了。這樣的一部書，即在今日或明日專門學者如林的時代也不會全失去他的讀者的。

五　梁任公之文學

最後，我們還應該提到他在文學上的成功。我在上文已經說起過，他是一位最好的新聞記者。日報上的時論未必可存，新聞記者的文章，夠得上文學史的齒及的也很不多見。然而最好的新聞記者，卻往往同時是一位上等的文學者；像愛迭生（Addison），像麥考萊（Macaulay），像威爾斯（H.G. Wells）諸人都是這樣。梁任公先生當然也是這種少數的新聞記者中的一位。梁氏在他的《飲冰室文集》第一次出版時，曾有一序，很謙遜地說起像他那樣的時論是不足存的。他說道：「吾輩之為文，豈其欲藏之名山，俟諸百世之後也，應於時勢，發其胸中所欲言。然時勢逝而不留者也，轉瞬之間悉為芻狗。況今日天下大局，日接日急，好轉巨石於危崖，變異之速，匪翼可喻。今日一年之變率，視前此一世紀猶或過之，故今之為文，只能以被之報章，供一歲數月之遒鐸而已。過其時則以覆瓿焉可也。」然他雖是這樣地自謙，他的散文卻很有可存的價值；時代過去了，他所討論的問題已不成問題了。然而他的《變法通議》諸作至今讀之，則還有一種動人的魔力。這便是他的散文可存的一個要證。他在《清代學術概論》上對於他自己的文字，也有一段很公平的批判：

> 啟超夙不喜桐城派古文；幼年為文，學晚漢魏晉，頗尚矜煉；至是自解放，務為平易暢達，時雜以俚語韻語及外國語法，

縱筆所至不檢束；學者競效之，號新文體。老輩則痛恨，詆為野狐。然其文條理明晰，筆鋒常帶情感，對於讀者別有一種魔力焉。（一百四十二頁）

他的散文，平心論之，當然不是晶瑩無疵的珠玉，當然不是最高貴的美文，卻另自有他的價值。最大的價值，在於他能以他的「平易暢達，時雜以俚語韻語及外國語法」的作風，打倒了所謂懨懨無生氣的桐城派的古文，六朝體的古文，使一般的少年們都能肆筆自如，暢所欲言，而不再受已僵死的散文套式與格調的拘束；可以說是前幾年的文體改革的先導。在這一方面，他的功績是可以與他的在近來學術界上所造的成績同科的。黃遵憲在詩歌方面，曾做着這種同樣的解放的工作，然梁氏的影響似為更大，這因散文的勢力較詩歌為更大之故。至於他的散文的本身，卻是時有蕪句累語的；他的魔力足以迷惑少年人，一過了少年期，卻未免要覺得他的文有些淺率。他批評龔自珍的文說：「初讀定庵文集，若受電然。稍進乃厭其淺薄。」這種考語，許多批評者也曾給過梁氏他自己。

梁氏所作，以散文為主，詩歌不很多；連詞、曲、傳奇總計之，尚不及一冊。他根本上不是一位詩人。然他的詩歌也自具有一種矯俊不屈之姿，也自具有一種奔放浩莽、波濤翻湧的氣勢，與他的散文有同調。他喜歡放翁的詩，稼軒的詞，而他的詩詞也實際上很受他們的影響。姑舉一首《志未酬》為例：

志未酬，志未酬；問君之志幾時酬？志亦無盡量，酬亦無盡時。世界進步靡有止期，吾之希望亦靡有止期；眾生苦惱不斷如亂絲，吾之悲憫亦不斷如亂絲。登高山復有高山，出瀛海更有瀛海。任龍騰虎躍以度此百年兮，所成就其能幾許。雖成少許，不敢自輕，不有少許兮，多許奚自生。但望前途之宏廓而寥遠兮，其孰能無感於余情。吁嗟乎，男兒志兮天下事，但有進兮不有止。吾志已酬便無志。

本文以此詩為結束，並不是偶然的；「男兒志兮天下事，但有進兮不有止」，這兩句詩已足夠批評梁氏的一生了。

一九二九年二月作於上海

（錄自鄭振鐸《中國文學研究》卷五）

責任編輯　梅　林
書籍設計　林　溪
責任校對　江蓉甬
排　　版　周　榮
印　　務　馮政光

書　　名　梁啟超小傳
叢 書 名　大家歷史小叢書
作　　者　鄭振鐸
出　　版　香港中和出版有限公司
Hong Kong Open Page Publishing Co., Ltd.
香港北角英皇道四九九號北角工業大廈十八樓
http://www.hkopenpage.com
http://www.facebook.com/hkopenpage
http://weibo.com/hkopenpage
香港發行　香港聯合書刊物流有限公司
香港新界大埔汀麗路三十六號三字樓
印　　刷　美雅印刷製本有限公司
香港九龍官塘榮業街六號海濱工業大廈四字樓
版　　次　二〇一九年十二月香港第一版第一次印刷
規　　格　三十二開（128mm × 188mm）八〇面
國際書號　ISBN 978-988-8570-84-3